“生まれ順”でまるわかり！

中間子ってこんな

人間関係のエキスパート

永遠の思春期

相性がいいのは末っ子

こじらせのかまってちゃん

五百田達成

Discover
ディスカヴァー

中間子ってこんな人

永遠の思春期

❶人間関係のエキスパート

家庭では上でも下でもないポジションだったので、どんな人ともそこそこ合わせられる。職場の中間管理職的な振る舞いが得意。

❷“自分探し”継続中

兄姉と一緒のときは「下」の役割を、弟妹と一緒のときは「上」の役割を担ってきたため、場の空気を優先して自分のキャラクターを使い分けることができる。一見社交的だが、心を許した人にしか本当の気持ちを見せない。人の言動の裏を読んで喜んだり落ち込んだりすることも多い。

❸こじらせのかまってちゃん

親の“愛情のエアポケット“に陥りがちだったため、大人になってからも、「自分だけ損をしている」「自分に注目してほしい」という気持ちが強い。ややもすると「こじらせ」「かまってちゃん」になりがち。目立ちたがり屋の一面も。

中間子の有名人

- 天海祐希
- 平愛梨
- 田中みな実
- 真木よう子
- 小倉優子
- 永作博美
- IKKO
- 明石屋さんま
- 千原ジュニア
- 矢部裕之
- 松坂桃李
- 長友佑都
- 安倍晋三
- 小泉純一郎

“生まれ順”とは？

長子

きょうだいの
いちばん上

中間子

きょうだいの
長子と末っ子以外

末っ子

きょうだいの
いちばん下

一人っ子

きょうだいが
いない

同じ家庭で育ったのに、お姉さんはしっかりものでおとなしく、妹はおっちょこちょいでおてんばといったように、きょうだいでまったく性格が違うケースは珍しくありません。

実は「生まれ順＝その家庭において何番目に生まれたか」が、その人の性格や行動に大きな影響を与えます。

長子（きょうだいのいちばん上）と、末っ子（きょうだいのいちばん下）、中間子（3人以上のきょうだいの長子と末っ子以外）、一人っ子（きょうだいがいない）では、子どもの頃に経験する親やきょうだいとの関係が違います。

その結果、大人になってからの性格や行動もまったく変わってきます。つまり、人の性格は“生まれ順”によって支配されていると言ってもいいほどなのです。

「長男」「長女」は、必ずしも「長子」ではない

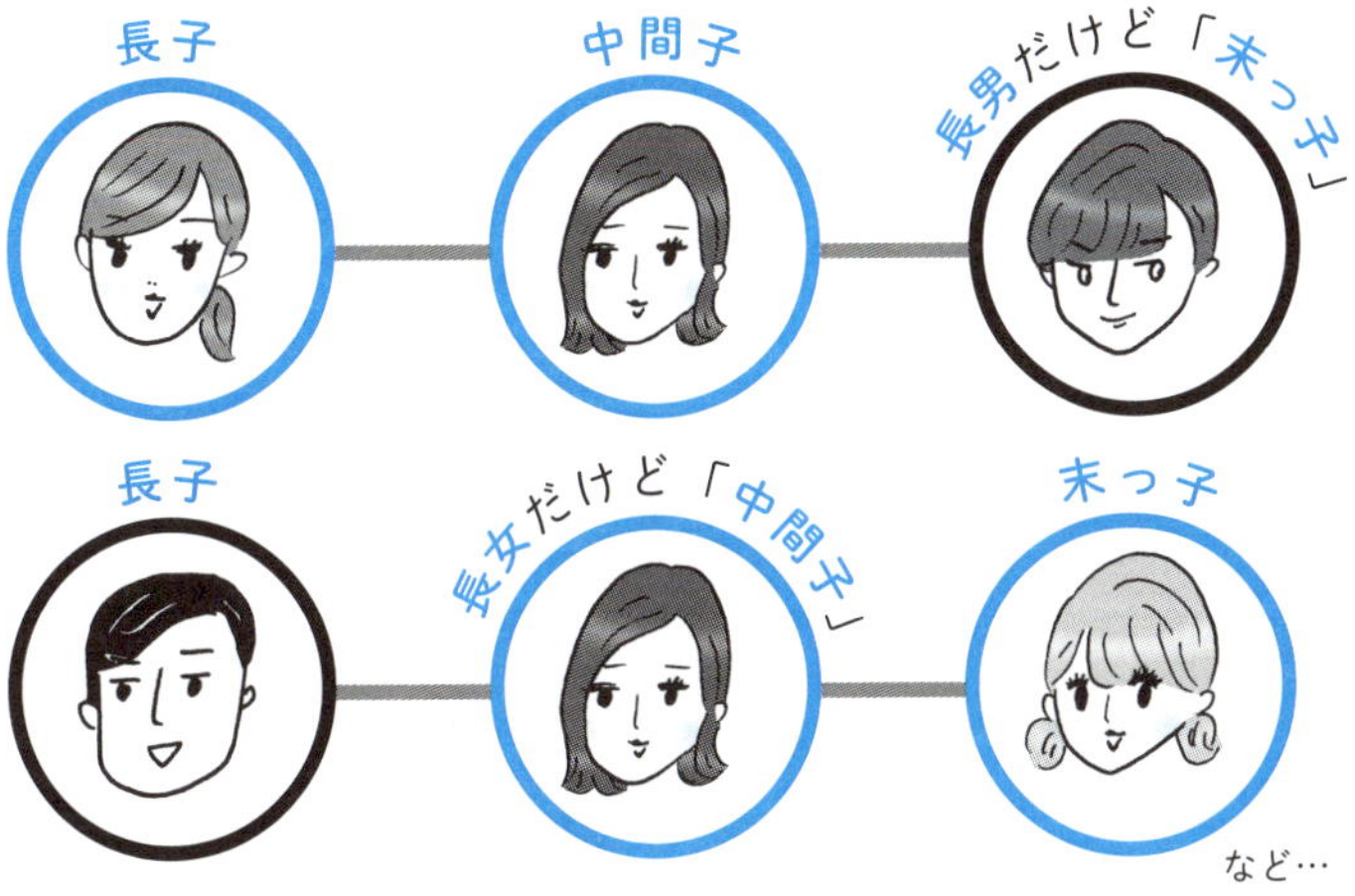

いちばん上、いちばん下以外は、みんな中間子

4つの性格タイプ

永遠の
思春期

中《ちゅう》間《かん》子《し》

要領がいい

末っ子

マイペース

したたかな
アイドル

“生まれ順”による

おせっかい

甘え下手な
王様・女王様

長子《ちょうし》

まじめ

一人っ子

マイペースな
天才肌

もっとよくわかる“生まれ順”Q&A

Q1 双子の場合はどうなるの？

A1 双子は特殊なきょうだい関係です。

双子の場合も、性格の違いはあらわれます。ただし、「生まれ順」による上下関係は希薄で、「二人で一人」の特殊なきょうだい関係です。

本人たちの間で「片方が文系なら、もう片方は理系」「片方がしっかりもののお姉ちゃんキャラでいくなら、もう片方はちょっぴりドジな妹キャラ」というように、無意識のうちに役割分担したというケースが多いようです。

また、「双子だから注目されてきた」という自覚があり、「パートナーがいる心強さがあった」「ライバルがいるのでお互い能力を高め合えた」など、双子であることを前向きにとらえ、自信がある人が多いのも特徴です。

Q2 何歳差だとハッキリ違いが出るの？

A2 3～6歳差がもっともハッキリあらわれます。

「生まれ順」による性格の違いがもっとも強くあらわれるのは3～6歳差です。

たとえば、「長子が10歳のときに弟や妹が生まれる」といったように、年が離れすぎている場合はお互いに影響し合う関係になりません。

また、いわゆる「年子」のように年齢が近すぎる場合も同じです。長子としてみれば「下が生まれた」という意識がありませんし、親もきょうだいとしての振る舞いを要求しない傾向が見られます。

純粋な「生まれ順」もさることながら、親やきょうだいとの微妙な関係がその後の性格に大きな影響を与えるのです。

Q3 性別は関係しないの？

A3 影響力は「生まれ順」＞「性別」。

人の性格や行動はもちろん「性別」からも影響をうけます。例えば、「長男・長女」とはよく言ったもので「末っ子で長男」「末っ子で長女」といった人たちは、本来の「生まれ順」で言えば、「末っ子」になりますが、育った家庭環境によっては長子的な性格をも兼ね備えます。

ただし、「生まれ順」による影響のほうが大きいため、本書では原則として性別は考慮しないものとします。

Q4 大人になったら性格は変わるんじゃないの？

A4 根底の部分は変わりません。

性格は生活環境や経験など、さまざまな要因から影響を受けます。子どもの頃は引っ込みじあんで人見知りだったけれど、大人になるにつれて初対面でも平気で話せるようになったという人もいるでしょう。

たとえば一人っ子でも、小さいころから運動部に所属し、先輩後輩にもまれて育つと、長子や中間子、末っ子的なふるまいが得意になることもあります。

ただし、性格がまったく変わってしまうということはありません。あくまで根底には本来の「生まれ順」の性格があり、そこに社会性や社交性など、あとから獲得したキャラクターが加わるイメージなのです。

CONTENTS

Part 1

まるわかり！
中間子の
性格。

middle child

1

ひと言でいうなら、

「永遠の思春期」。

middle child 2

自分探し？　ええ、今も相変わらず探し続けています。

「いい年して……」なんて言わないで。
こっちも必死なんだから！

middle child 3

悩む→悟りを開く→悩む……の無限ループ。

考えすぎって自覚はあるけど、止められない。

middle child 4

こじらせ気味な自覚はある。

middle child

5

もう自分がめんどう。
だれでもいいから
めんどう見て！

（→全然だれでもよくない）

middle child

6

本当は
ピュアに
愛されたい！

middle child

7

子どもの頃、
「フツーにしていたら親に気づいてもらえない」という危機感があった。
いちいち「私ね……！」と割って入らないと、ほかのきょうだいに埋もれちゃう。

middle child

8

親が自分を愛してくれてるってもちろんわかってる！
でも、上や下に比べて、どうしても注目が薄い気はするんだよね。

middle child

9

親の関心は上か下のきょうだいに注がれるので、

「愛情のエアポケット」

に苦しんできた。

middle child

10

基本的に人が好き。

困っている人がいたら
助けてあげたいし、
この人のためならと思って
がんばれる。人情家だと思う。

middle child

11

上とも下とも、うまくやれる。

先輩とも後輩とも、
上司とも部下とも、
そつなくできている（はず）！

middle child

12

基本人気者だけど、

「八方美人」と責められることもある。

そんなこと言われたってしょうがないじゃんねぇ。

middle child

13

でも、

本当は人見知り。

middle child

14

よくも悪くも
カメレオン体質。
その場に対応して、
空いている
ポジションで
活躍したい。

middle child 15

「場の空気」が何より大事。

みんなの思惑を考えすぎて、
なかなか物事が決められないのが悩み。

middle child 16

人間関係オタク。

誰と誰がギクシャクしてて、誰と誰が仲良し、
なんて自然にわかっちゃう。

middle child 17

あっちにも、こっちにもいい顔をしたい。
だから、**しょっちゅう右往左往。**

middle child 18

だれもがハッピーに
なる結論を出したい。
だから、なかなか
決められない。

middle child 19

うざいのはわかってるけど、
でも、やっぱり
もうちょっと
話し合わない？

middle child

20

自分がリーダーになるのは
苦手。

**副キャプテンや
副部長などで
リーダーを支える
ことが多かった。**

middle child

21

**「人間関係の
エキスパート」**って
言われたい。

middle child

22

ダメだとわかってても、つい自分と他人を比べてしまう。

middle child

23

人の言動に一喜一憂しては、クヨクヨしてしまいがち。

middle child

24

内心ではすごく喜んでいたとしても、あからさまにはしゃぐのも恥ずかしい。モゾモゾしてるうちに、

「かわいげがない」「何を考えてるかわからない」なんて言われちゃう。切ない……。

middle child

25

恨みは忘れないタイプ。恩も忘れないタイプ。

middle child

26

考えすぎと
わかっていても、
素直になれない。

我ながらホント厄介……。

middle child

27

明るく元気に振る舞っているつもりなのに、

「実は心を開いていない」「ミステリアス」

と言われることも。

middle child 28

占いや心理学が好き。スピリチュアル系も関心がある。

middle child 29

独立心は旺盛。

自分のことは自分でなんとかしなきゃって。
これって当然じゃないの？

middle child 30

「自由そうでうらやましい」って

言われることもある。
たしかに、親からの干渉は少なかったかも（涙）。

middle child
31

親にはかけたくない。迷惑を

middle child
32

我ながら
「あまのじゃく」だと
思う。
ホントは素直でいたいけど、
変わったことしないと
目立てないし。

middle child 33

基本、空気を読むけど、
目立ちたがり屋の
一面もある。

middle child 34

変に目立とうとして
失敗した黒歴史が
たくさんある。

middle child

35

場の空気を
大切にしつつ、
いい感じに目立ちたい。

middle child 36

うまくアピールできることもある。
でも、**ときどき自分がどんなキャラだったかわからなくなっちゃう。**

middle child 37

ピンチのときほど張り切ってしまう。
だって、今活躍すれば、自然に目立てるでしょ？

middle child

38

みんなが追い込まれてる状況なら、活躍しすぎて悪目立ちする心配もない。
失敗しても大目に見てもらえるだろうし。

非常事態は意外と得意。

middle child

39

チャンスは苦手……。

だって、失敗したら……と思うと体がすくんじゃう。

middle child

40

そもそも、幸運が巡ってくるようなタイプじゃないし……。

middle child 41

そこそこ仕切りたいけど、そこそこまかせたい。

middle child 42

みんなの気持ちを調整するのは得意。

黒子というか、フィクサーというか。

middle child 43

強力なリーダーシップは無理。

でも、**なんとなく空気を読みながら、うまくやっていくのはできると思うの。**

middle child

44

叱られると、
「なんで自分だけが
……」という不満が
こみあげてくる。

middle child

45

だって、私が
叱られるなら、
あの人だって……。

これを言うと、もっと
怒られるんだけど、
つい表情に出ちゃう……。

middle child
47

「君には特別な仕事をまかせたい」なんて

言われたら、
がむしゃらに
がんばっちゃう。
とにかくまずは私を
認めてほしい！

middle child
46

みんなの前で自分だけが叱られるのは恥ずかしくて嫌い。

陰でこっそり
言ってくれれば、
素直に聞けるのに。

middle child 48

「もう少し私を評価してくれてもいいのにな」

と、ついつい思ってしまう。

middle child 49

いつも自分だけソンをしているような気がする。

具体的にどうってわけじゃないんだけど、なんとなく……。

middle child 50

「君にまかせて本当によかった」

ってほめられたら、天にも昇る気持ち。

middle child

51

人の言動や人間関係を察する能力は、

我ながら「エスパーか!?」と思うほど鋭い。

middle child

52

誰も
傷つけたくないし、
誰にも傷つけ
られたくない。

column
1
"生まれ順"豆知識

スポーツ選手

が多い"生まれ順"は？

スポーツ選手に多い生まれ順は……ズバリ、末っ子です。

野球選手で言うと王貞治に長嶋茂雄、野村克也、イチロー、松井秀喜はみ〜んな末っ子。サッカーも、本田圭佑や川島永嗣、香川真司をはじめとする日本代表も、なでしこジャパンも末っ子だらけ。他にはテニスの錦織圭、ラグビーの五郎丸歩、フィギュアスケートの浅田真央など、有名なスポーツ選手で末っ子じゃない人を探すほうが難しいほど。

実は彼らの多くは兄や姉の影響でスポーツを始めたと語ります。早くから高いレベルで練習してきた彼らは、親のプレッシャーによりいつしかスポーツを卒業していく兄や姉と異なり、何歳になっても、のびのび楽しくスポーツをやり続けます。その結果、多くの末っ子アスリートが歴史に名を残すことになったのです。

浅田真央

錦織圭

イチロー

本田圭佑

Part 2

まるわかり！
中間子の
恋愛。

middle child

53

実はモテてきた。でも、好きになった人には好かれない……。

middle child

54

昼ドラ顔負けの**情熱的な恋愛**に憧れる。

振り回したり、振り回されたりしたい。

middle child

55

ウェットって言われる。

重たいのではなく、**しっとり派**なだけなのに。

middle child

56

基本的に人から嫌われたくないから、
バツグンに愛想がいい。

おかげで、全然その気がない相手にも誤解されて
好かれやすい……。

middle child

57

「根っからの恋愛体質」
だとよく言われる。

middle child

58

告られやすい気がする。
なんかイケそうだと
思われてる？

middle child

59

つきあう気がない相手でも
嫌われたくないから、
キッパリ断れない。
はっきりしない
態度で、周囲の女子
にイライラされる。

middle child

60

押しに弱い。
意識したことがなかった
相手からでも、
告白されると
その気に
なっちゃう。

middle child

61

恋人とは常に連絡をとり合っていたい。

すぐに返事をくれないとすねちゃうかも。

middle child 62

好きな人ができると考えすぎて挙動不審になっちゃう。

ストレートな告白なんてできない。

middle child 63

ついつい駆け引きしちゃって、ドツボにハマる。

middle child

64

「策士、策に溺れる」とはわたしのためにあるような言葉。

アハハハ、アハハハ……ハァ（ため息）。

middle child

65

「わたしのことを好きな人」が好き。

「好き!」と猛プッシュされれば好きになっちゃう。

middle child

66

つき合っている相手に合わせてキャラを自然に変える。

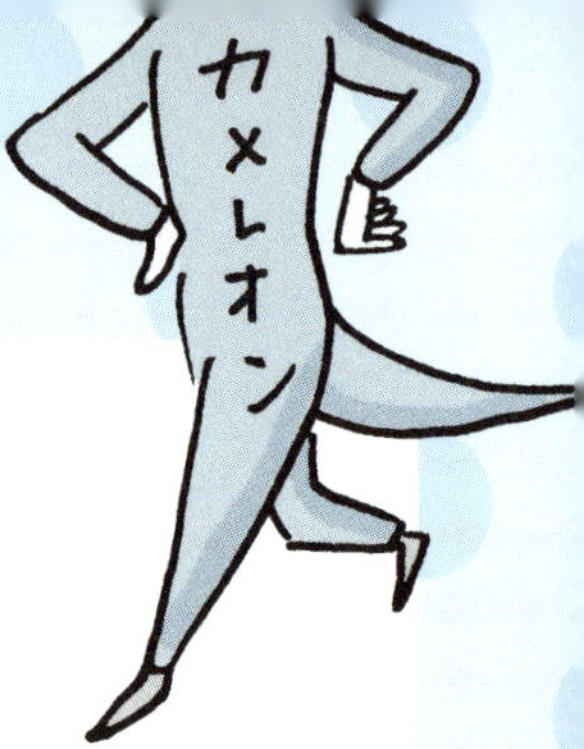

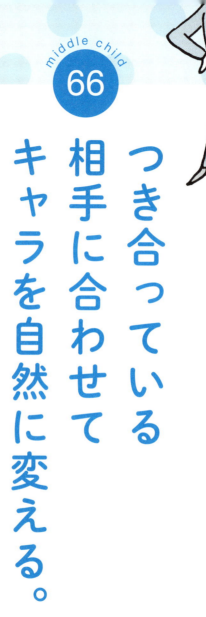

middle child

67

「友達とわたし、どっちが大事なの？」と恋人につめよったことがある。

……ってみんな、やってないの？

middle child

68

「わたしのこと、どれくらい好きか言ってみて♡」とか日常茶飯事。

変わらぬ愛をたしかめたいの。

middle child

69

だって、恋人なんだし。

それぐらいつきあってくれなきゃ。

middle child 70

「今すぐ来て」「来ちゃった……♡」

なんてやって
相手を怖がらせた
こともある。

middle child 71

LINEの行間を深読みしすぎてつらい。

middle child
72

恋人を振り回しまくるのは
普段、周囲に
振り回されている
反動かな？

middle child
73

ときどき、
相手が「つき合い
きれない……」と
思っているのを感じる。

middle child

74

重い？
しつこい？
うざい？

頭ではわかってるんだけど、どうにも止まらない〜♪

2192　"生まれ順"でまるわかり!中間子ってこんな性格。 愛読者カード

◆ 本書をお求めいただきありがとうございます。ご返信いただいた方の中から、抽選で毎月５名様に**オリジナル賞品をプレゼント！**
◆ **メールアドレスをご記入いただいた方には、**新刊情報やイベント情報のメールマガジンをお届けいたします。

フリガナ お名前	男 女	西暦　　年　月　日生　歳

E-mail　　　　　　　　　　　＠

ご住所　（〒　　　ー　　　）
　　都道　　　　　市区
　　府県　　　　　郡
電話　　　　（　　　　）

ご職業　1 会社員　2 公務員　3 自営業　4 経営者 5 専業主婦・主夫
　6 学生（小・中・高・大・その他）7 パート・アルバイト　8 その他（　　　）

本書をどこで購入されましたか？　書店名：

本書についてのご意見・ご感想をおきかせください

ご意見ご感想は小社のWebサイトからも送信いただけます。http://www.d21.co.jp/contact/personal
ご感想を匿名で広告等に掲載させていただくことがございます。ご了承ください。
なお、いただいた情報が上記の小社の目的以外に使用されることはありません。

このハガキで小社の書籍をご注文いただけます。
・**個人の方：**ご注文頂いた書籍は、ブックサービスより２週間前後でお届けいたします。
代金は**「税込価格＋手数料(305円)」**をお届けの際にお支払いください。
（手数料は予告なく改定されることがあります）
・**法人の方：**30冊以上で特別割引をご用意しております。お電話でお問い合わせください。

◇**ご注文**はこちらにお願いします◇

ご注文の書籍名	本体価格	冊数

電話：03-3237-8321　FAX：03-3237-8323　URL：http://www.d21.co.jp

middle child 75

自分のことが好きだけど嫌い。
だから、
恋人にはすべて
肯定してほしい。

middle child 76

「あなたは私の
味方なの？
敵なの？」と
追い詰めちゃう。
だって気になるんだもの！

middle child

77

適度に焼きもちをやきながら、
追いかけているのが理想。

生きてるー！って
感じがする。

middle child

78

安定した恋愛は求めてない。

うまくいっても、心のどこかで「長続きしないな」って気がしてる。

middle child

79

「恋愛は疲れた、結婚がしたい」

と思うことがある。

middle child

80

世界でいちばん好きだと言われたい。

みんなそうだよね？

column
2
“生まれ順”豆知識

アーティストが多い“生まれ順”は？

アートや芸能の世界で活躍が目立つ生まれ順は……なんといっても**一人っ子**です。

男性では坂本龍一、小室哲哉、氷川きよし、太田光など。女性アーティストでは浜崎あゆみ、宇多田ヒカル、宮沢りえ、大塚愛、中川翔子などなど。いずれも個性あふれる顔ぶれが勢ぞろい。

一人っ子は他の生まれ順に比べて、親という大人と過ごす時間が長いため、文化的に早熟な傾向が見られます。しかも、一風変わった進路を歩もうとする**一人っ子**に対しても、親は寛容。「好きなことをやりなさい」と精神面や金銭面、さまざまな面からサポートを惜しみません。自分の感性のおもむくままに、やりたいことを貫ける環境があったからこそ、多くの**一人っ子**アーティストが生まれたのでしょう。

宮沢りえ

宇多田ヒカル

太田光

浜崎あゆみ

Part 3

まるわかり！
中間子の
結婚。

middle child

81

自分を全部、
まるごと
愛してくれる人と
結婚したい！

middle child 82

「恋愛体質」と矛盾するようだけど、

結婚って現実。

大好きな人を追いかけるだけじゃダメ。
今後のことを考えてバランスをとらなきゃ。

middle child 83

相手が自分のことを本当に好きかどうか、

大事にしてくれるかどうかは、冷静に判断する。

middle child 84

さんざん恋愛してきた分、結婚すると肩の荷が下りる。

「この人は私を裏切らない」っていう安心感って素敵！

middle child
85

子どもができても、ずっと「男と女」でいたい。

middle child
86

結婚しても
サプライズしてほしいし、ラブレターも大歓迎。

middle child

88

話し合えばわかる。

それは夫婦も一緒でしょ？
言いたいことを言い合えば
スッキリするはず。

middle child

87

「愛されてる」っていう実感が常に欲しい。

middle child

89

夫に

「どうしたいの？」

「何が不満なの？」と

しつこく食い下がっては「うるさい！」とキレられることがある。

話し合おうとしてるだけなのに！

middle child 90

相手の両親から受けがいい。

本能的に、相手に合わせられるおかげかも。

middle child 91

子育てに主義・主張はとくにないけど、自由にのびのびと育ってほしい。

middle child

92

親子関係より、夫婦関係を大事にしたい。

〝夫婦ファースト〟

かな。

middle child

93

第二子なのに「2人目ですか？」って聞かれた。

肝っ玉母ちゃん系なのかも。

column
3
“生まれ順”豆知識

作家
が多い“生まれ順”は？

作家・小説家は一見すると、華やかな職業のように思われがちですが、その仕事内容はいたって地味。コツコツと原稿を書き、丹念に作品を仕上げていくわけです。

芥川賞作家・直木賞作家でもっとも多い生まれ順は……**長子**でした。羽田圭介に池波正太郎、林真理子、辻仁成、向田邦子、石原慎太郎はみ〜んな**長子**。

中間子や**末っ子**、**一人っ子**に比べて、きまじめで責任感が強いのが**長子**の特徴です。

仮にクリエイティブなアイデアを思いついたとしても、地道な作業が苦手な人には、作家はつとまりません。「一度始めたら最後までやりぬくべき」「この作品をどうしても世に出さなければ」という強い意志に突き動かされる**長子**だからこそ、締め切りに向かって執筆し続けられるのかもしれません。

林真理子

石原慎太郎

辻仁成

羽田圭介

Part 4

まるわかり！
中間子の
人間関係。

middle child

94

旅行の企画でも、

みんなの気持ちが気になってしょうがない。

Aちゃんの意見を取り入れたら、
Bちゃんがおもしろくないと思うのではないか……、
Bちゃんの意見に従うとCちゃんの要望は通らなくなるし……と悩みまくる。

middle child

95

基本的に、ずっと「人づき合い」のことを考えている。

考えすぎて、つらい。

middle child

96

みんなで行動したり、チームで作業したりするのは得意。

みんなで足りないところを補い合っていけばいいと思う。

middle child

97

周囲の意向を気にしすぎて一人相撲になっちゃうこともしょっちゅう。

middle child

98

人当たりが良く誰とでも
仲良くつき合うけど、
実は心を開いて
いなかったり、
些細なことで
傷ついたり……。

middle child

99

意外に警戒心が強い。
「いいように利用しようとし
ている人」「実はバカにして
いる人」の
ターゲットにされないか、
いつも心配。

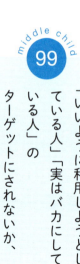

middle child 100

いったん心を開くと、ソウルメイトのようにどこまでも寄り添う。

尊重されればされた分だけ相手を大事にするし、とにかく濃い人間関係が好きなの！

middle child 101

「お前がいないとやっていけない」と

言われると、つい張り切っちゃう。気づくと、山のような仕事を一人で抱え込んでしまうことも。

middle child

102

尊敬する上司にほめられたいし、信頼してくれてる得意先からがっかりされたくない。

とにかく、人から必要とされたいんです。

middle child 103

仕事に求めるのは「良好な人間関係」。

「この人のために働きたい」と思える相手と仕事がしたい。

middle child 104

身近な人を大切にする。

middle child

105

「自分は必要とされていない」と感じるとモチベーションはがくっと下がる。

middle child

106

「部長もすごいって言ってたよ」「隣の部署でもほめてた」って聞かされると、

ああ、お世辞じゃなくてホントにほめられてるんだな

って思える。

だって、口先だけでほめてるかもしれないじゃない？

middle child

107

頭ごなしに怒られるのはイヤ。

「私のこと、嫌いなの？」って思うから。

middle child

108

「ごめん」と謝られてもピンとこない。

「傷つけてごめんね」と言われたら、わかってくれたんだなって思う。

middle child

109

「あなたにしかできない」と頼られると弱いんだよねえ〜。

middle child

110

SNSの「いいね！」が欲しくてたまらないことがある。

middle child 111

「うらやましい」と
言われると
すごくうれしい。

middle child 112

「みんな来るよ」
と言われると、
気乗りしない飲み会でも、
行かなくちゃって思う。

middle child 113

お酒の飲み方は少々荒れがち。

普段、調整役をしてる分、ストレスが爆発するのかも。

middle child 114

「盛り上げなくてはいけない」「でもあの人には、ひとこと言っておきたい」「でも嫌われたくない」

などと考えてるうちに飲みすぎちゃう（涙）。

middle child 115

恥ずかしながら、
からみ酒になることもしばしば……。

翌日には頭を抱えて大後悔です。ごめんなさい！

middle child

116

人を誘ったとき、
そっけなく「行けない」と
断られると、
迷惑だったんじゃないかと不安になる。

middle child

117

レストランや居酒屋で
料理を注文する前に
「オススメはなんですか？」と
聞くことが多い。
で、それを注文する。
だって、聞くだけ聞いて
注文しないとお店の人が
かわいそうでしょ。

middle child

118

近くに座った お客さんが うるさかったら、 自分が席を移る。

変に注意したりするより、 そのほうがラクだもん。

middle child

119

お金にはシビアで堅実。

おごるべきときにはおごるし、締めるときは締める。
コスパがいいのが大好物。

middle child

120

基本的にはバランスよく堅実に暮らしてるんだけど、

何かの拍子にとんでもない暴挙に出ることもある。

middle child

121

親の経済力はアテにならないし、アテにできない。

middle child

122

実家は少々居づらい場所。

たまに帰ってきては我がもの顔に振る舞う兄姉や、
ぬくぬくとくつろぐ弟妹が
うらやましいような、いらだたしいような……。

middle child

123

親の関心がほかのきょうだいに向いているのを
いいことに、自由にのびのび。
なんだか**そのまま精神的に**
自立しちゃった感じなんだよね。

middle child

124

おじいちゃんっ子、おばあちゃんっ子だった。

一人暮らしするのも、きょうだいでいちばん早かったかも。

middle child 125

天真爛漫な人が
うらやましい。

middle child 126

中間子でよかったと思うけど、
生まれ変わるなら
次は末っ子がいい。

総理大臣
が多い“生まれ順”は？

日本の歴代総理大臣でもっとも多い生まれ順は……**中間子**でした！

安倍晋三をはじめとして、田中角栄、中曽根康弘、小泉純一郎、村山富市、鳩山由紀夫など、じつに歴代首相の約半数が**中間子**。

中間子は兄姉と、弟妹にはさまれ、常に上と下の言動に目配りしているので、空気を読むのがバツグンに上手。

ただ、親の愛情を**長子**または**末っ子**に奪われる経験が多かったせいか、愛情に飢えているところがあり、その分、人間関係をシビアに見つめています。

バランス能力にすぐれていて、誰とでもうまくやれる半面、「敵か味方か」をすばやくジャッジ。自分の居場所を確保するなら、あらゆる手段をとることもためらいません。権謀術数うずまく政界でトップに昇りつめる天性の才能が、**中間子**には備わっているのかもしれません。ちなみに、アメリカのトランプ大統領も**中間子**です。

鳩山由紀夫

安倍晋三

ドナルド・トランプ

小泉純一郎

Part 5

まるわかり！中間子の相性。

相関図

同性編

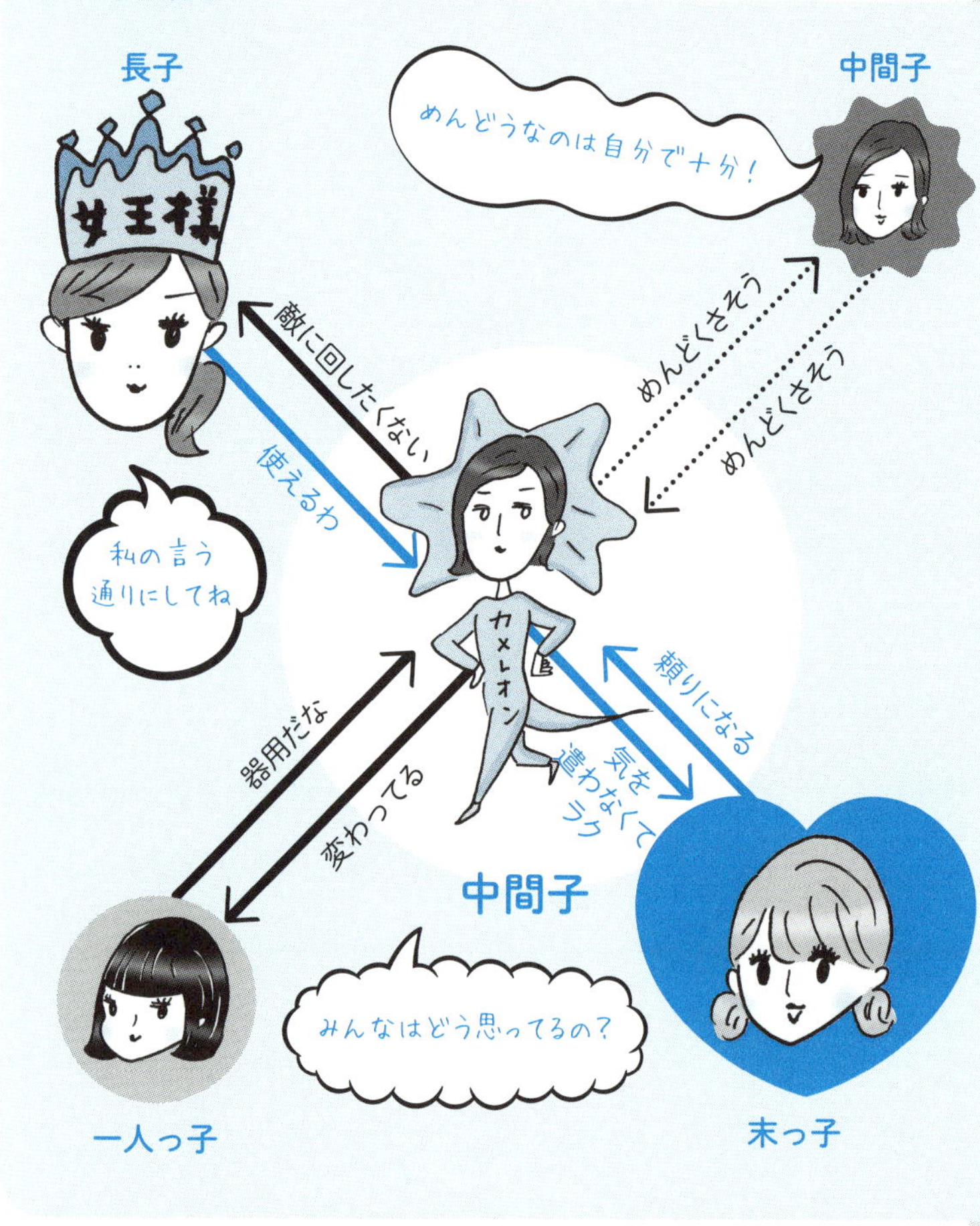
長子
女王様
中間子
めんどうなのは自分で十分！
敵に回したくない
使えるわ
めんどくさそう
めんどくさそう
私の言う通りにしてね
カメレオン
頼りになる
気を遣わなくてラク
器用だな
変わってる
中間子
みんなはどう思ってるの？
一人っ子
末っ子

中間子の相性

異性編

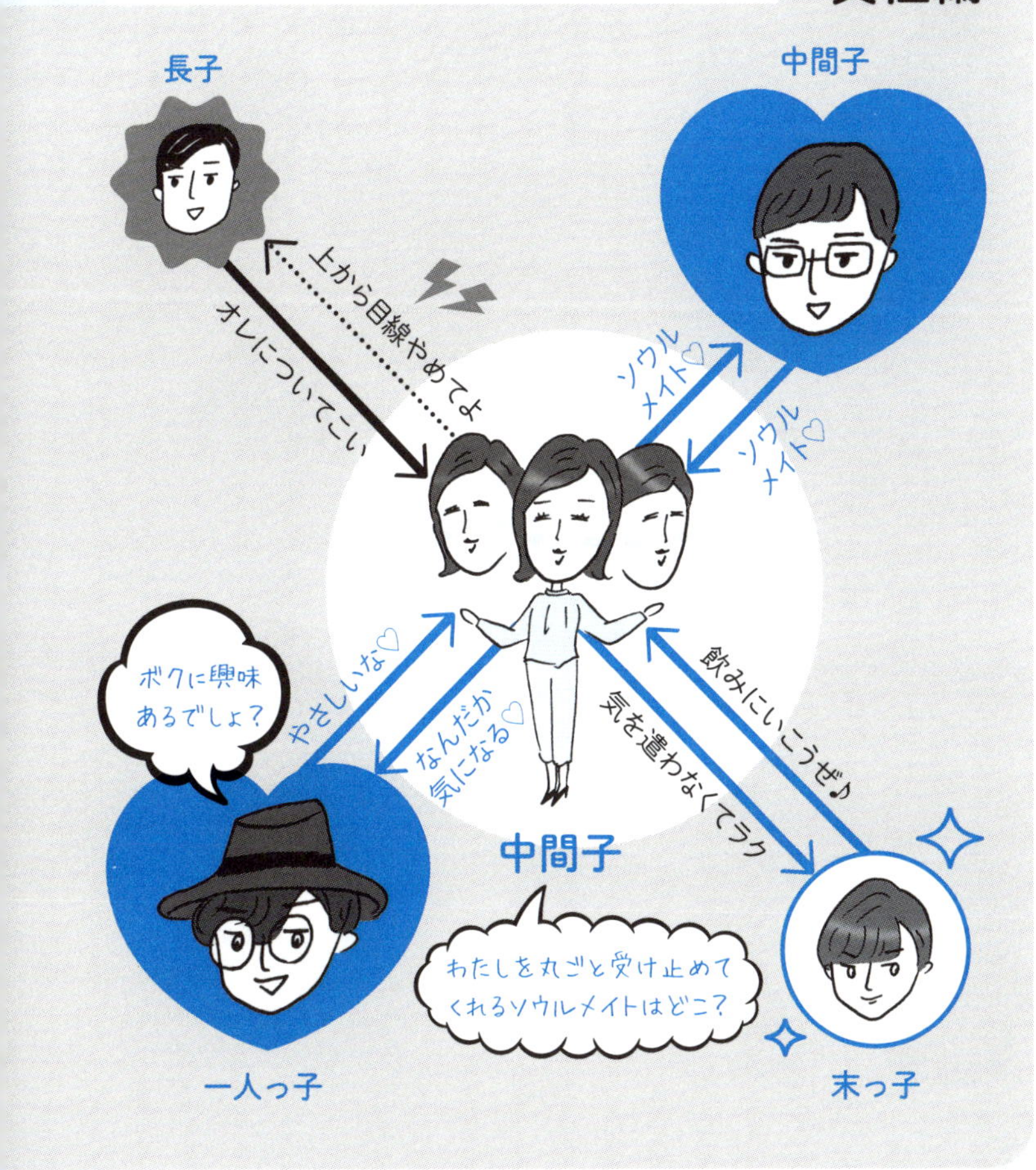

長子
中間子
上から目線やめてよ
オレについてこい
ソウル メイト♡
ソウル メイト♡
ボクに興味 あるでしょ？
やさしいな♡
なんだか 気になる♡
気を遣わなくてラク
飲みにいこうぜ♪
中間子
わたしを丸ごと受け止めて くれるソウルメイトはどこ？
一人っ子
末っ子

結婚がうまくいく相手

1位
ソウルメイトを求める
中間子

2位
気をつかわなくていい
末っ子

3位
何を考えてるか
わからない
一人っ子

4位
ダメ出しの多い
長子

ソウルメイトに最も近いのは中間子！

中間子が結婚に求めるのはズバリ、「ソウルメイト」。全力で愛し、全力で認めてほしい！　そんな“愛されたい”欲求を満たしてくれるのは、同じ**中間子**。持ち前の察知力で「構ってほしい」「怒られたくない」「素直になれない」といった複雑な女心にも対応してくれます。

また、ひたすら楽しくあろうとする末っ子との相性もまずまず。気を遣わずにワガママを言える力関係も快適です。

一方、**一人っ子**はミステリアスな存在。「大切に育てられたんだろうから、大事にしなくちゃ」と気苦労もありそうな反面、ほかのきょうだい夫婦と比較されないというメリットも。

長子との結婚は、デリカシーのないダメ出しとの闘い。黙って仕切ってくれるだけならいいのに……というのが、**中間子**妻のホンネのようです。

恋愛が盛り上がる相手

1位
とにかく楽しい
末っ子

2位
ロマンチストの
中間子

3位
素直で優しい
一人っ子

4位
上から目線の
長子

恋愛してるときくらい現実逃避させて！

何かにつけて悩みがちな**中間子**にとって、ノーテンキに人生を楽しむ**末っ子**は心惹かれる存在。恋愛のときぐらい、わずらわしい現実から離れ、チャランポランになりたい！　そんな**中間子**の切実な思いを、いとも簡単にかなえてくれるのが**末っ子**たち。

また、根がロマンチストの**中間子**同士なら、ドラマチックな恋を楽しめそう。サプライズ好きなところも相性ピッタリ。恋愛という非日常をとことん楽しむパートナーになれるでしょう。

一方、恋愛であっても、平気で正論をふりかざす**長子**は、**中間子**の天敵。ドヤ顔で説教されても……！と、モヤモヤを募らせることに。

何を考えているかわからないけれど根は素直な**一人っ子**と過ごすほうが、まだしもストレスは少なくてすみそうです。

友達になれる相手

1位 ノンキな末っ子

2位 おっとりした長子

3位 マイペースな一人っ子

4位 考えすぎの中間子

生まれ変わったら、末っ子みたいにノンキになりたい

友達として仲良くなりやすいのは、**末っ子**。明るくノンキで、あれこれ考えすぎないところが気楽に感じるようです。**中間子**がモヤモヤ悩んで愚痴っても、明るく聞き流してくれるし、押しつけがましくないといったあたりも好感が持てます。

長子の場合は、おっとりしていて、意見を押しつけてこないタイプであれば、相性はまずまず。コントロール欲求が強いタイプだと、大トラブルに発展することも。すごく気が合うか、まったく合わないか両極端になりやすいのも、**長子**と**中間子**の宿命です。

マイペースな**一人っ子**とは1対1の友達関係なら、ハラハラと気をもまなくてすみそうです。

誰よりもわかり合えそうな**中間子**同士ですが、お互いの腹の底が読める分、仲良くなりづらい傾向も。自分のことは棚に上げて「なんかめんどくさそう」と思ってしまうことがよくあります。

チームワークがうまくいく相手

1位

リーダー気質の

長子

2位

気心の知れた

中間子

3位

やる気が見えない

一人っ子

4位

やる気がない

末っ子

仕切り屋の長子はひとりいると便利

チームで何かするときに、一人いると便利なのが**長子**。場を仕切ることに慣れているし、「やるべきこと」であれば他人が嫌がる役目も率先して引き受けてくれます。

中間子は器用なので必要とあらば、リーダーシップを発揮することもできますが、できればサポート役に回りたいのが本音。**中間子**同士だとお互いに気を遣うあまり、話が先に進まないことも。

メンバーを見て自分の役割を決める**中間子**。決めた役割はまっとうしたいという気持ちも人一倍強いので、**一人っ子**や**末っ子**のやる気のなさにはイライラすることが少なくありません。とりわけ、できるだけ他人まかせにしたい**末っ子**は鬼門。ふらふらとテキトウにふるまう**末っ子**に腹をたて、「私ばっかりやっている！」と不満をぶつけてみても、「頼んでない」と言い返され、くやしさをかみしめることになりそう。

離婚しやすい相手

1位

一目散に逃げ出す

一人っ子

2位

のらりくらりと逃げ回る

末っ子

3位

執着心の強い

中間子

4位

世間体を気にする

長子

一人っ子の雲隠れ芸には打つ手なし

中間子は原則として、なるべく離婚を避けようとします。夫婦関係がうまくいかなくなってきても、逃げ腰の相手の首根っこをつかまえ、とことん話し合いたい性分。

その話し合いから、いち早く逃げ出すのが一人っ子。中間子が交渉力を発揮する前にさっさと雲隠れしてしまい、事実上の離婚状態に。

末っ子は冷たく突き放しはしないものの、のらりくらりと逃げ回り、中間子があきらめたところで離婚が成立というオチに。

中間子同士の場合はよほど運命的なタイミングで同時に「離婚したい」とでも思わない限り、難航します。うっすら離婚を考えていたとしても、相手から先に切り出された途端、執着心がムクムクと芽生え、「離婚したくない！」と思ってしまうのが中間子の性（さが）。

世間体を重視する長子との離婚はさらに深刻。長子の理屈と中間子の感情がぶつかり合って、こじれにこじれることになるでしょう。

かなわぬ恋 に落ちる相手

1位 アーティスト気質の
一人っ子

2位 叱ってくれる
長子

3位 気安い存在の
末っ子

4位 いろいろわかってしまう
中間子

アーティストにはとことん弱いんです

「かなわぬ恋」といえば、**中間子**の得意分野！

繊細なアーティスト気質の**一人っ子**は、恋に恋する**中間子**の大好物。「大好きだけれど、きっとうまくいかない」「選ばれるわけがない」というハードルの高さも、ときめきに拍車をかけます。

また、**長子**に対しては「怒られたくない」という苦手意識が、「いつかは認められたい」という憧れに転じることも。「厳しく口うるさいあの人がほめてくれたら一人前」と夢見がちな気持ちもかきたてられます。

一方、**末っ子**はハードルの低い存在のため、かなわぬ恋の相手にはなりにくいのが実情。**中間子**同士の場合はお互いの長所も欠点もわかる分、憧れるといった感情はさらに生まれにくいでしょう。恋愛体質の**中間子**にとって、ドラマチックな妄想をかき立てられる相手にはなりにくいようです。

ケンカになりやすい相手

1位
わかってくれない
長子

2位
言いすぎてしまう
末っ子

3位
とりつくシマのない
一人っ子

4位
恨みを忘れない
中間子

中間子はケンカの後の関係修復まで考える

気持ちをわかってほしい**中間子**に対して、正論をぶつけてくる**長子**は最もケンカになりやすい組み合わせ。

また、**末っ子**が相手の場合は気安く話ができる分、気を許しすぎてケンカになるパターンが多いようです。まさか、**末っ子**にかみつかれると思っておらず、必要以上に強く言い返してしまい、大ゲンカになることも。

とはいえ、**長子**や**末っ子**の場合はガンガン言い合うケンカをしても、仲直りできるケースがほとんど。問題は**一人っ子**と**中間子**。表面上はケンカにならないものの、何かトラブルがあると、何も言わずに離れていく**一人っ子**とは修復が困難。恨みを忘れない**中間子**の場合も一度関係にヒビが入ると、そう簡単には元の関係に戻れないようです。

飲み会で楽しい相手

1位 盛り上げ役の
末っ子

2位 マイペースな
一人っ子

3位 説教酒の
長子

4位 からみ酒の
中間子

のちのちまで引きずるからこそ、説教注意

一緒に飲む相手として楽しいのは何といっても、末っ子。率先して盛り上げ役を引き受けてくれるし、いるだけで場が明るくなります。

また、一人っ子も勝手に楽しんでくれるので気遣いがいらない気楽さがあります。

一方、悩ましいのが長子との飲み会です。飲むと説教を始めることが多い彼らにつかまると、せっかくの飲み会もつらい反省会に。中間子は飲み会の席で言われたことも忘れられずダメージが残るため、説教好きの長子からはできる限り離れて座ったほうがよさそう。

そして、最も危険な相手は中間子。日頃、周囲に気を遣いまくっているストレスが一気に爆発。答えのない議論をふっかけたり、泣いたり、わめいたり……。お互いのからみ酒が化学反応を起こす前に逃げ出したいところです。

ママ友になれる相手

1位

頼りになる
長子

2位

相談しやすい
末っ子

3位

腹の探り合いになる
中間子

4位

人間関係にドライな
一人っ子

長子だけは
敵に回したくない

口うるさいけれど世話好きな**長子**は「押さえておきたい」存在。積極的に仲良くしたいというよりは「敵に回すとヤバい」と本能的に感じる相手です。

ママ友コミュニティのなかでの立ち居振る舞いを気軽に相談できるのは**末っ子**。「会費の他にも何か持ち寄ったほうがいいのかな？」といった相談を持ち掛けてもイヤな顔をせず、ホンネで答えてくれるという信頼感もあります。

これが**中間子**同士となると、お互い腹の探り合いになるのが少々めんどう。相手のホンネを先読みして、建前で返すというコミュニケーションに疲れることもありそう。

一人っ子はそもそも、人間関係への関心が薄く、ママ友について相談しても「どっちでもいいんじゃない？」と流されるため、友達関係が深まりづらいようです。

嫁姑 がこじれやすい相手

1位

おっかない
長子

2位

つれない
一人っ子

3位

かわいがってくれる
末っ子

4位

演技上手な
中間子

愛し愛されたい。
それが嫁姑であっても！

中間子にとって、長子との嫁姑関係は「気苦労」以外の何ものでもありません。努力を認めてはもらえず、ダメ出しの嵐……。想像するだけで気持ちが暗くなります。

嫁姑の関係であっても、好かれたいし、仲良くなりたいのが中間子。しかし、そんな気持ちを知ってか知らずか、つれない一人っ子のリアクションには悶々と悩むことになりそう。

一方、リラックスしてつきあえる相手になりうるのが末っ子。頼りがいはない代わり、あれこれ指図することもなく、ノーテンキにふるまってくれるはず。また、家族でワイワイ集まるのも好きなので中間子の"愛される嫁"願望もそこそこ満たしてくれます。

さらに、中間子同士の場合は、お互いが人間関係のプロフェッショナルなだけに、嫁姑としても模範演技の応酬になりそう。適度な距離をキープしつつ、にこやかに季節のものを贈り合う。そんな理想の嫁姑を演じ合える可能性を秘めています。

column
5
“生まれ順”豆知識

アイドル・女優
が多い“生まれ順”は？

“かわいい妹キャラ”のイメージのある末っ子。実際、アイドル・女優として活躍している人たちの多くもやはり、末っ子でした。たとえば、綾瀬はるか、石原さとみ、上戸彩、広瀬すず、吉田羊、松嶋菜々子などなど。

それもそのはず、末っ子は子どもの頃から家庭のアイドルとしてふるまっていたので、自分をかわいく見せる方法をよく知っています。

芸能界に興味を持ったのは兄や姉が先で、“ついていっただけ”のはずのオーディションで、妹のほうが合格してしまうというエピソードはたびたび耳にします。

また、兄や姉には「将来のことをもっと考えて」「堅い職業につきなさい」とうるさい親も、末っ子には甘いのが常。「やってみたい」と言い張れば、好きなことをやらせてもらえる環境も、アイドル・女優人生を後押ししたに違いありません。

上戸彩

綾瀬はるか

広瀬すず

石原さとみ

あとがきにかえて
～生まれ順ブーム、生まれ順を学ぶ意味～

この本を手にとっていただき、ありがとうございます！　私が、生まれ順タイプについて初めて書いた『不機嫌な長男・長女　無責任な末っ子たち「きょうだい型」性格分析＆コミュニケーション』（ディスカヴァー・トゥエンティワン）は、今からちょうど1年前、２０１６年11月に刊行されました。

私自身、３人きょうだいの末っ子。これまでの人生で感じてきたことをもとに、多くの方にインタビューを重ねました。リサーチするなかで、たくさんの発見がありました。たとえば、中間子のみなさんの人間関係への深い洞察、バランス感覚は、末っ子の自分には想像もできないものでした。

この発見のおもしろさをみなさんにお伝えしたく、満を持して発表したところ、発売直後から全国書店でベストセラーを記録。またたく間に15万部を超える大ヒットとなりました！

読んでくださった方々からは、「びっくりするぐらい当たってた」「我が家のことがそのまま書いてあった」「あるあるの連続で一気に読めた」など、多くのコメントをいただきました。

メディアからの注目も非常に高く、「助けて！　きわめびと」（NHK）、「この差って何ですか？」（TBS）などでたびたび取り上げていただき、大きな話題に。さらには、InstagramなどのSNSでも毎日のように紹介され、「生まれ順エピソード」「きょうだいあるある」が続々と投稿されています。

こうした一連のムーブメントを受け、「生まれ順についてもっと知りたい！」という声を多数いただきました。そこで、長子・末っ子・中間子・一人っ子それぞれの生まれ順タイプをより深く掘り下げ、とくに相性面にフォーカスを当てて書き下ろしたのが、今作となります。

ご自分の生まれ順について学ばれたら、次はぜひ、パートナーや家族、友達、職場の仲間たちの生まれ順についても学んでみてください。

頭ではわかっていても、なかなか納得することのできない「人づき合いの真髄」に気づくことのできる奥深いテーマ、それが「生まれ順」なのです。

この本を通じて、あなたの日々の人間関係が少しでもスムーズになることを心から祈っています！

２０１７年11月　五百田 達成

もっとよく知りたい！
待望の“生まれ順”心理学決定版！

“生まれ順”でまるわかり！
長子ってこんな性格。

“生まれ順”でまるわかり！
末っ子ってこんな性格。

“生まれ順”でまるわかり！
中間子ってこんな性格。

“生まれ順”でまるわかり！
一人っ子ってこんな性格。

“生まれ順”でまるわかり！

中間子ってこんな性格。

発行日　2017年11月15日　第1刷

Author　五百田達成

Illustrator　村瀬綾香
Book Designer　TYPEFACE（AD：渡邊民人　D：谷関笑子）

Publication　株式会社ディスカヴァー・トゥエンティワン
〒102-0093　東京都千代田区平河町2-16-1 平河町森タワー11F
TEL　03-3237-8321（代表）
FAX　03-3237-8323
http://www.d21.co.jp

Publisher　干場弓子
Editor　大竹朝子

Marketing Group
Staff　小田孝文　井筒浩　千葉潤子　飯田智樹　佐藤昌幸　谷口奈緒美　古矢薫
蛯原昇　安永智洋　鍋田匠伴　榊原僚　佐竹祐哉　廣内悠理　梅本翔太　田中姫菜
橋本莉奈　川島理　庄司知世　谷中卓　小田木もも

Productive Group
Staff　藤田浩芳　千葉正幸　原典宏　林秀樹　三谷祐一　大山聡子　堀部直人　林拓馬
塔下太朗　松石悠　木下智尋　渡辺基志

E-Business Group
Staff　松原史与志　中澤泰宏　中村郁子　伊東佑真　牧野類

Global & Public Relations Group
Staff　郭迪　田中亜紀　杉田彰子　倉田華　李瑋玲　蒋青致

Operations & Accounting Group
Staff　山中麻吏　吉澤道子　小関勝則　西川なつか　奥田千晶　池田望　福永友紀

Assistant Staff　俵敬子　町田加奈子　丸山香織　小林里美　井澤徳子　藤井多穂子　藤井かおり
葛目美枝子　伊藤香　常徳すみ　鈴木洋子　内山典子　石橋佐知子　伊藤由美
押切芽生　小川弘代　越野志絵良　林玉緒　小木曽礼丈

Proofreader　文字工房燦光
Printing　中央精版印刷株式会社

ISBN 978-4-7993-2192-8　